AF461531

MÉMOIRE

SUR LA NÉCESSITÉ

d'un

CHANGEMENT DE SYSTÈME

ET D'UN

GOUVERNEMENT CIVIL

EN ALGÉRIE

ADRESSÉ AUX CHAMBRES LÉGISLATIVES DE FRANCE

Par la Société coloniale d'Alger

Adopté dans ses Séances des 24 et 27 février 1840,
pour être imprimé et distribué à ses frais.

PRÉSENTÉ PAR M. SAGOT DE NANTILLY,
Premier secrétaire de la Société coloniale et ancien payeur à l'armée d'Afrique.

Il faut bannir l'audace et non la liberté,
La balance à la main, peser la vérité.

Paris
IMPRIMERIE D'AMÉDÉE GRATIOT ET Ce,
11, RUE DE LA MONNAIE.

1840

A Messieurs

LES MEMBRES DES CHAMBRES LÉGISLATIVES

De France.

MESSIEURS,

Dans la situation critique où se trouve l'Algérie, cette gloire nationale, un moment sur le point d'échapper sans retour à la France, nous avons moins consulté notre faiblesse que les dangers du pays, pour unir notre voix aux voix puissantes qui se sont fait entendre.

Aussi, en écrivant ces lignes, nous n'avons pas en vue de démontrer les avantages que recueillerait la France de sa domination sur l'Algérie, tant sous les rapports politiques, agricoles, maritimes, industriels que commerciaux. Ces résultats d'un si haut intérêt, si évidents, saisis et appreciés tout d'abord par des esprits élevés, ont été savamment démontrés dans maints écrits; nous nous contenterons seulement de les rappeler ici, avant d'arriver à la cause qui nous a conduits à deux doigts de notre perte, par l'état déplorablement progressif où nous sommes arrivés, malgré tous les éléments d'une rapide et prospère colonisation.

Esquisse topographique.

La régence d'Alger, avec ses 200 lieues de côtes, rangée tout entière sous notre domination, et peuplée d'Européens qu'il serait si facile d'y appeler, ferait de la Méditerranée un lac français autour duquel tendent à se concentrer les intérêts politiques et commerciaux de plusieurs peuples; elle nous donnerait une position qui, en assurant notre protection au commerce, et notre prépondérance sur une mer où circulent d'immenses richesses, nous permettrait d'y posséder des ports et des arsenaux en face de notre littoral européen, où nos vaisseaux trouveraient secours et abri en temps de guerre.

Le territoire de la régence, d'un sol généralement riche et profond, coupé par des montagnes tantôt boisées, quelquefois cultivées et toujours cultivables, de formes et d'aspects différents, séparées par des plaines couvertes d'une luxueuse végétation, et par des vallons où règne une fraîcheur perpétuelle, présente, en raison des accidents infinis de sa surface, des abris variés d'où résultent, dans toutes les saisons, les températures les plus contraires. A ces dons, ajoutons des eaux abondantes sur plusieurs points, et en général assez régulièrement réparties sous le soleil d'Afrique, et nous arriverons à cette conclusion, victorieuse auprès de toute personne de bonne foi et un tant soit peu versée dans l'agriculture, que, du concours de ces circonstances, résultent les conditions favorables aux cultures des climats les plus opposés.

Le fer et le plomb se trouvent dans l'Atlas, et personne n'ignore que la présence de ces métaux dans un pays est l'indice d'autres richesses; d'ordinaire, le charbon de terre n'en est pas éloigné. Et qui sait à quelles découvertes pourraient nous conduire des recherches bien dirigées dans ces montagnes, vierges de toutes excavations depuis tant de siècles?

Le commerce établirait des relations avec l'intérieur de l'Afrique, qui lui fournirait, en échange de blé, de sel, etc., l'ivoire, la poudre d'or, les plumes d'autruche, les dattes, etc.

La France recevrait de l'Algérie agricole pour 18,000,000 d'huile d'olive, qu'elle tire de l'étranger; pour 55,000,000 de soies; pour 80,000,000 de coton qu'elle consomme annuellement. A ces produits, nous pourrions ajouter les peaux, les cuirs, la cire, le miel, l'indigo, le tabac, les vins de liqueur, les figues et les raisins secs, etc.

Objections contre la colonisation.

Mais les détracteurs de la colonie opposent à ces avantages des obstacles qu'ils supposent insurmontables :

L'insalubrité, d'une part, qui moissonne les colons et les soldats ;

Et d'autre part, la population arabe fanatique et guerrière.

Réfutation de ces objections.

A cela nous répondrons que le territoire de l'Algérie, qui jouit d'une salubrité incontestée sur presque toute son étendue, offre, il est vrai, quelques localités malsaines, inconvénient que la culture et des travaux peu considérables de dessèchement amélioreraient d'une manière sensible.

Nous en avons des exemples à Bône et dans la Mitidja. Voici ce que dit M. le baron Ch. Dupin, président du conseil des colonies, pair de France, dans son discours à la séance du 6 janvier 1840 :

« En avant de Bouffarick, Médina-Clauzel, « sur un plateau sans pente sensible, était ma- « récageux et malsain ; tout auprès, une seule « opération de dessèchement du côté de l'est a « suffi pour rendre cultivables trois cents hec- « tares qui ne l'étaient pas. Jusqu'en 1837, « les terres fraîchement remuées occasion- « naient un redoublement de fièvres ; au- « jourd'hui la proportion des malades, même « en la saison des chaleurs, n'est pas plus « grande que dans les endroits d'une salubrité « moyenne. »

Et ajoute M. Leblanc de Prébois (François), capitaine d'état-major * :

* De la nécessité de substituer le gouvernement civil au gouvernement militaire, pour le succès de la colonisation d'Alger, page 11. — Delaunay, libraire, Palais-Royal, 1840.

« Ce n'est point la terre d'Afrique qui est « malsaine, mais bien les conditions d'exi- « stence qui y sont imposées aux militaires. »

Ainsi la première de ces difficultés n'est pas générale, et, loin d'être insurmontable sur les points où elle se présente, elle cède aux moindres travaux.

Restent les dispositions hostiles de la population arabe.

Mais qui oserait soutenir cette assertion, qu'il faut dix ans à la France pour établir sa domination sur toute la régence ?

A ce sujet, je citerai les paroles d'un maréchal illustre, apte, autant que qui que ce soit, pour résoudre cette question :

« Et qu'on ne pense pas que, pour arriver à « ce but, on eût besoin d'efforts prodigieux, « de dépenses énormes et constantes ; il suffi- « sait de deux campagnes, entreprises avec les « forces nécessaires, poursuivies avec volonté « de faire sincèrement ce qu'on dit toujours « vouloir faire, et ce qu'on ne fait jamais ; et

« la colonie, maîtrisée, soumise, tranquille, se « serait gardée avec le même nombre d'hom- « mes qui aujourd'hui ne peuvent empêcher « quelques Kabaïles errants de venir assassi- « ner jusqu'aux portes de nos villes *. »

Actuellement nous ne croyons pas qu'il soit nécessaire de répondre aux injures lancées contre les colons, ces accapareurs de propriétés, ainsi qu'on les appelle, et que l'on représente comme obstacle à la colonisation. Cette tâche appartient à l'histoire, qui inscrira les noms des spoliateurs de leurs biens à côté de ceux de leurs calomniateurs !

Résultat rétrograde.

Comment, avec des intérêts si puissants pour la France d'établir sa domination sur l'Algérie entière, avec tant d'éléments de colonisation, des sommes énormes dépensées

* Explications du maréchal Clauzel, page 17. — Paris, 1837, Ambroise Dupont, rue Vivienne, 7.

depuis dix ans; une armée permanente; des soldats et des colons français enfin, sommes-nous arrivés aux désastres de la Mitidja ?

Système anti-colonial, seul obstacle à la colonisation.

Nous le dirons : tous nos maux sont le résultat d'un système élucubré et suivi avec persévérance par une coterie ou une puissance occulte qui s'est emparée des avenues du pouvoir d'où elle le subjugue et le dirige, en lui imposant ses adeptes et en brisant ou renversant tout ce qui s'écarte de ses prescriptions. Cela résulte évidemment des paroles de M. le maréchal Clauzel, de M. le baron Charles Dupin, et de la direction des affaires en Algérie.

Explications du maréchal Clauzel; page 27.
« Après de telles paroles je ne doutai plus de la « conquête de Constantine; mais c'était bien « peu de chose que la conquête de Constan- « tine, à côté de la conquête qui me restait

« à faire ! Celle-ci devait avoir lieu dans les « bureaux de la guerre, et Dieu sait si jamais « les Arabes ont si bien défendu leur pays que « certains Français le font pour eux ! »

M. le baron Charles Dupin, discours du 6 janvier : « Les ennemis les plus redoutables de « cette magnifique possession de l'Algérie, « ces ennemis ne sont pas en Afrique, ils sont « en France. »

C'est à ce système que nous devons l'état déplorable où nous nous trouvons en Algérie après dix années d'attente vaine et de promesses fallacieuses.

C'est par l'application de ce système qu'on est parvenu à faire tourner contre la colonisation et l'établissement de la domination française les sacrifices de la mère-patrie.

Oui, nous le dirons, c'est notre pensée, et nous avons mission de la dire, cette pensée, qui a pour écho la colonie tout entière ; oui, les secours de la France, ses énormes sacrifices, ou mal employés, ou détournés de leur destination, ont été consommés à entraver, à nuire, et non à aider à la colonisation ; le soldat a vu les fonds votés pour lui procurer le nécessaire, aller enrichir ou satisfaire le luxe d'employés infidèles abrités sous le manteau d'une protection occulte qui leur assure l'impunité.

Si nous avons eu à nous féliciter d'un ou de deux gouverneurs, la mort nous a privés de l'un d'eux. Duc de Rovigo, que la terre te soit légère !... Tu vis dans la mémoire des colons.

Le système a fait destituer l'autre, et, pour y arriver, il a fallu écarter du pouvoir le ministre éclairé qui, lui aussi, prenait au sérieux la conservation d'Alger.

Honneur à vous, maréchal Clauzel, vous appartenez à la colonie; elle vous doit une éternelle reconnaissance pour les efforts que vous avez tentés et le bien que vous avez voulu faire !

Honneur à vous, ministre Thiers, à vous, puissant par le génie et le don de la parole !

Honneur aussi à vous, président du conseil des colonies !

Honneur à vous tous, qui ne répudiez aucune des gloires de la France, et qui vous souvenez que l'armée française, par la conquête de l'Algérie, a effacé du front des nations européennes le mot *tributaires,* inscrit par un chef de pirates!

Honneur aussi à vous, colons de l'Algérie, sentinelles avancées de la civilisation sur une terre si longtemps inhospitalière, et qui, témoins et victimes des méfaits d'une ténébreuse administration, n'avez pas désespéré de voir conserver à la France le plus riche trophée de ses victoires!

Honneur à vous, hommes courageux, méconnus, spoliés, injuriés, qui par vos efforts, votre patience énergique, avez résisté à ce système créé pour vous lasser, vous ruiner et vous chasser, afin d'arriver à une évacuation, sinon volontaire, au moins forcée.

Mais, prenez courage. Si le désastre de la Mitidja, ce dernier acte d'un drame perfide, patiemment permis pendant quinze jours et plus, a détruit vos établissements créés avec tant de peines, de travail et de sacrifices, au milieu de dangers incessants ; les cris des victimes égorgées, des escortes massacrées, ont été entendus de la France entière, et la France s'est émue !...

Honneur donc, et courage à vous, soldats et colons de l'Algérie ! A vous, gloire, espérance !... Une promesse solennelle, à la face du monde entier, vient d'être faite à la France et à l'Algérie. Amour et reconnaissance au roi des Français, qui a prononcé ce serment :

« Il faut que cette agression soit punie et « que le retour en devienne impossible, afin « que rien n'arrête le développement de pros- « périté que la domination française garantit « à une terre qu'elle ne quittera plus. »

Mais pour atteindre ce but d'une manière utile à la colonie et profitable à la France, il faut, mettant de côté les questions de personnes et d'amour-propre, qui s'éclipsent en présence d'intérêts si graves ; il faut confier l'expédition qui se prépare à un chef habile, prévoyant, actif, et qui prenne au sérieux la conservation de l'Algérie; il faut confier le pouvoir gouvernemental de cette colonie à un chef au-dessus d'intérêts de famille et de coterie, et moins absorbé par ses distractions domestiques.

Craintes de la colonie.

Dirons-nous ici, Messieurs, qu'après la perte des établissements agricoles de la Mitidja, la ville d'Alger ait à craindre la famine et tous les maux qui accompagnent l'imprévoyance ou le mauvais vouloir? La viande, qui en temps ordinaire vaut de 50 à 60 centimes le kilogramme, coûte maintenant de 2 francs 40 à 2 francs 50 centimes; les autres articles de première nécessité se rapprochent plus ou moins de cette progression effrayante. Une poule vaut de 5 à 6 francs.

Vous tairons-nous les bruits nés de cette

situation inquiétante, sortis des mille bouches d'une population qui craint pour son avenir? N'êtes-vous pas fixés?... A quoi servirait de vous dire :

Que le fournisseur de l'armée exprimait un jour, en présence du vaillant colonel Lamoricière, commandant de Coléah, l'impossibilité de procurer de la viande fraîche pour l'armée, et qu'il était à craindre que la viande salée, à la veille d'entrer en campagne sous un climat chaud, ne donnât naissance au scorbut. Eh bien! aurait dit le colonel à ce fournisseur, obtenez l'autorisation qui m'est nécessaire; je sais où paissent quinze mille pièces de bétail, et si, sous vingt-quatre heures, je n'amène pas au camp trois mille bestiaux pris sur l'ennemi, je mets ma tête à la disposition du maréchal;

Que cette permission aurait été demandée et refusée.

La colonie montre aussi de l'inquiétude pour l'approvisionnement de la cavalerie.

On craint que ce service n'exige des marchés de fourrages à l'extérieur, quoique le pouvoir paraisse bien rassuré sur ce point, puisqu'il a laissé incendier, près des camps, des quantités de fourrages qu'il lui eût été possible de soustraire aux flammes.

On dit encore que le but du pouvoir est de dépenser le plus vite et d'obtenir le moins possible de résultats, afin que la France, lasse de payer et de verser le sang de ses enfants sans compensation, demande, comme un bienfait, l'abandon de la colonie.

Non, Messieurs, nous ne venons point vous entretenir de ces mille et une versions de tous les jours, qui dénotent une vive inquiétude sur l'avenir et une grande méfiance du pouvoir.

Mais nous vous dirons que l'Algérie a des souvenirs. Dans ce moment de crise elle se souvient du maréchal Clauzel, lui qui, accessible à tous, voulait pour première condition de gouvernement l'attachement des colons et de la colonie, et, pour première garantie de succès, l'humanité envers le soldat.

Car l'Algérie, pas plus que la France, ne lui a jamais attribué le non-succès de la prise de Constantine, et l'armée n'a pas oublié la manière dont il a opéré sa retraite. Tout le monde se rappelle ce fait d'armes dont la place est marquée dans les plus belles pages de notre histoire militaire; fait d'armes au sujet duquel M. le général Pelet, juge expert en cette matière, ce que personne ne viendra contester, a dit :

« Comme art militaire, il était plus difficile « de ramener l'armée de Constantine que de « prendre Constantine ; et quant à moi, à part « les résultats, j'aimerais mieux avoir fait « cette retraite, que d'avoir emporté la ville. »

Enfin, placerons-nous en regard des actes du maréchal Clauzel les maux encore palpitants résultant de la destruction des établissements de la plaine et l'inexplicable patience du maréchal Valée, pendant et après ces désastres?

Interrogerons-nous l'opinion des hommes de guerre sur le remarquable fait d'armes de la Mitidja? Ainsi s'exprime M. le président du conseil des colonies (*Discours du 6 janvier*) :

« Nos renforts arrivent au secours de nos « concitoyens d'Alger; mais, hélas! tant d'im- « prévoyance locale avait précédé les hosti- « lités, depuis longtemps imminentes et vi- « sibles, qu'en peu de jours une poignée de « maraudeurs, devançant les troupes d'Abd- « el-Kader, a pu, sans aucun obstacle, dévaster « nos plantations prospères. Nous avions qua- « rante-deux mille hommes et trois mille che- « vaux en Afrique, et nos colons n'ont pas « même obtenu quarante-deux hommes et « trois chevaux pour sauver leurs foyers, « leurs récoltes et leur bétail! Une force im- « mense, disséminée pour Alger seulement « dans vingt stations isolées, a passé, des blo- « kaus abandonnés et des retranchements éva- « cués, dans quelques enceintes dépourvues

« de tout comfort, et qu'on appelle, je crois, « des camps,

« De savants hommes de guerre, nos hono« rables collègues, ne peuvent pas concevoir « qu'au bout d'un demi-siècle on voie repro« duire les revers inévitables de la défense « produite par une guerre de cordon : ils ne « reviennent pas de leur surprise, en appre« nant que ce sont des recrues hadjoutes qui « nous donnent cette leçon d'une stratégie « qu'on aurait dû croire pour jamais désap« prise dans le siècle où fleurirent Napoléon « et ses lieutenants illustres. »

Ce rapprochement des faits parle assez haut contre la conduite du ministère à l'égard de l'un et de l'autre de ces maréchaux gouverneurs de l'Algérie ; cette conduite est significative, elle est une preuve que le pouvoir ministériel est trop faible pour lutter contre l'influence du perfide système d'anticolonisation que nous croyons avoir entendu quelque part appeler de trahison.

Eh quoi! l'un fait preuve d'attachement aux colons et à la colonie, il fait preuve d'une grande habileté, de sollicitude envers le soldat; et c'est après l'un des plus glorieux faits d'armes qu'il est destitué!...

L'autre aussi a fait ses preuves, celles d'insensibilité envers les colons, d'indifférence envers la colonie, d'inhabileté; et c'est en ses stériles mains que le gouvernement de l'Algérie et le sort de l'armée semblent encore abandonnés pour longtemps!...

Mode d'administration et violation habituelle de la loi et de la charte pendant dix ans d'occupation.

Examinons maintenant le mode d'administration suivi en Algérie dans ses rapports avec ou plutôt contre le droit de propriété, cette base inviolable de tout état civilisé, garanti par le traité de la reddition d'Alger et les articles 545 du Code civil et 9 de la Charte, dans tous les lieux où le gouvernement a institué des tribunaux français.

« Une spoliation ne consiste pas à acheter « des propriétés à de véritables ayants droit « qui possèdent réellement, mais bien à dé- « molir ces mêmes propriétés, à en expulser « les propriétaires sans aucune indemnité « qui les dédommage et qui les mette à l'abri « de la misère ; la spoliation consiste à ven- « dre des propriétés sur lesquelles on n'a « aucun droit, et à en percevoir les revenus « sans redouter les réclamations de quinze « cents indigènes qui attristent aujourd'hui « la voie publique de leurs plaintes et de leurs « haillons. » (Explications du maréchal Clauzel, page 106, *précitées.*)

Nous ajouterons aux paroles du maréchal Clauzel, que le nombre des spoliés s'est accru de plus du double depuis 1837, et qu'Européens et indigènes sont confondus dans le projet bien arrêté de ruiner la colonisation.

Tous les jours ne voyons-nous pas des citoyens privés de leurs propriétés au moyen d'un procès-verbal d'expropriation motivé sur l'énoncé banal d'utilité publique, sans qu'ils puissent obtenir aucune indemnité; et ces motifs d'utilité publique se réduisent le plus souvent aux reventes des immeubles expropriés, conduite qui autorise à croire que ces actes se font dans l'intérêt de personnes favorisées ou interposées.

Enfin, ce qui a lieu de nous étonner, c'est que le pouvoir ministériel semble impuissant contre des actes de cette nature; car il est à notre connaissance qu'un pareil acte a été signalé, dans tous ses détails, le 3 décembre 1839, à M. le Ministre de la guerre, sans que le véritable intéressé puisse rien obtenir. Sans doute M. le Ministre s'empressera de mettre cette pièce sous les yeux de la Chambre, si elle lui en exprime le désir.

Dirons-nous un mot sur les concessions faites par l'administration des domaines? Il n'est pas sans exemple que des concessionnaires, après avoir fait des améliorations considérables, aient été expulsés ensuite sans indemnité.

A Médina-Clauzel, un concessionnaire, ne pouvant faire construire sa maison, fut dépossédé par un trait de plume du directeur actuel de ce service.

Inutilement, le concessionnaire fit-il valoir qu'il n'était engagé de construire qu'après que l'administration aurait fait dessécher le terrain où devait se poser la première pierre; ce fut inutilement qu'il prouva l'impossibilité d'y arriver sans enfoncer dans les marais jusqu'à la ceinture; ce fut en vain qu'il fit valoir des engagements pris à raison de cette concession; l'administration était dans son tort de n'avoir pas fait dessécher, mais qu'importe? Le délai de bâtir était expiré, on ne tint aucun compte des dires du concessionnaire; il fut dépossédé.

A Del-Hibrahim, un autre concessionnaire, fut aussi dépossédé, bien qu'il eût rempli ses engagements, qui consistaient à cultiver. Sa récolte en blé faillit lui être enlevée, non par des maraudeurs, mais par le maire de la commune lui-même, en vertu d'ordre supérieur; on voulait reprendre la terre avec la récolte. Heureusement, le concessionnaire fut prévenu à temps, et le maire, déjà sur les lieux, allait procéder à l'enlèvement, s'il n'avait eu affaire à un ancien officier qui le menaça, et fut sur le point d'employer la force, comme il l'eût fait sans hésiter, contre un voleur non décoré d'une écharpe.

Cette affaire en est restée là, d'où il faut conclure que l'administration, en ordonnant l'enlèvement de cette récolte, était mille fois dans son tort; car sans cela, malheur serait arrivé au récalcitrant. Seulement il perdit sa concession, et ce fut sans regret, car il y gagnait au moins de n'avoir plus rien à démêler avec l'administration.

Nous pensons que ces simples faits sont suffisants pour démontrer qu'une administration qui déconsidère ainsi le pouvoir est l'un des plus grands obstacles à la colonisation.

Et nous aurons l'honneur, Messieurs, de

vous faire observer que nous ne pouvons entrer ici dans le détail de ces mille et une tracasseries de tous les jours qui, sous mille formes différentes, torturent le colon, l'inquiètent et l'arrachent à ses occupations et à ses travaux.

Absence de sécurité.

Une autre cause, Messieurs, s'oppose encore aux progrès de la colonisation; c'est l'absence de sécurité, garantie sans laquelle il n'est pas d'agriculture possible, et, sans l'agriculture, point de colonie.

Ceci est du ressort du pouvoir militaire.

Permettez-nous, Messieurs, d'examiner l'effet des mesures prises par le gouverneur auquel la France a confié des forces presque doubles de celles envoyées jusque-là en Algérie, même à l'époque de la conquête.

Eh bien! malgré les postes, les camps, les blokaus, ou plutôt les salles de police où M. le maréchal Valée tenait ses soldats, des bandes plus ou moins nombreuses pénétraient continuellement ses lignes, et il ne se passait pas de semaine qu'il ne se commît des vols ou des assassinats dans la Mitidja.

Pour mettre un terme à ces crises, il ne fallait, avec le cordon établi, prendre qu'une mesure de sûreté et tenir la main à son exécution.

« Tout Arabe de l'extérieur ne pourra « s'introduire dans nos lignes qu'en passant « par des points indiqués, où il présentera « une carte de son cheik qui justifie de son « individualité, et où il déposera ses armes.

« Tout Arabe franchissant nos lignes entre « les points indiqués, ou pris en armes en « deçà de nos postes, passera par un conseil « de guerre et pourra être fusillé. »

Cette mesure, qui n'était pas au-dessus des capacités du dernier caporal de l'armée, est échappée au maréchal Valée; cependant elle eût évité la ruine et la mort d'un nombre considérable de nos compatriotes; elle eût donné confiance, et la colonisation eût marché.

Enfin, au lieu d'ordonner les arrêts à nos troupes dans les blokaus et dans les camps, le simple bon sens voulait qu'on laissât aux chefs une certaine latitude, plutôt que d'imposer à nos braves militaires le rôle indigne de simples spectateurs, sans pouvoir porter secours aux colons assez malheureux pour croire que, fuyant leurs assassins, ils trouveraient protection près des postes occupés par des soldats français. Vain espoir !...... C'est là, en vue des sentinelles, que plusieurs ont été impitoyablement égorgés.

Parlerons-nous d'un brave officier, ancien lieutenant porte-drapeau au 13e de ligne, M. Lemercier, auquel le maréchal Clauzel avait confié, comme sentinelle avancée du camp de Bouffarick, une ferme qu'il cultivait avec quelques compagnons d'armes, poste dangereux, sur lequel il a perdu des bestiaux et des hommes, et où lui-même, et près de sa maison, eut son habit brûlé par la bourre du coup de fusil d'un Hadjoute, caché dans les broussailles?

Et ne savons-nous pas que ce militaire fut mis en jugement et menacé de perdre la vie pour avoir tué, peu de jours après cet accident, un autre assassin, ou le même peut-être, qui se tenait caché dans les mêmes broussailles en attendant une victime, et qui, découvert, voulut se dérober par la fuite?

Comment pourrait-on justifier l'ordre donné aux factionnaires des camps de se replier sans faire feu sur les assassins qui tireraient sur eux? Tel est pourtant le motif qui empêcha le factionnaire du camp de Belida, le 21 août 1838, à cinq heures du soir, de faire feu sur Abd-el-Kader Ben Hamed qui avait tiré sur lui?

Et, pour ajouter à ce hideux tableau, des rapports mensongers, produits dans une feuille officielle, intitulée *Moniteur algérien*, attribuaient la mort des victimes à leur imprudence, comme si l'on n'adressait pas sans cesse aux colons le reproche de ne pas cultiver, de ne pas assez produire!....

Eh! qu'on le sache donc, si on l'ignore: on ne cultive pas plus sans sortir de sa ferme, qu'on ne garde une plaine menacée par l'ennemi sans sortir de ses camps et de son palais.

Après tout, au dire de certaines gens, ce n'étaient que des assassinats partiels, auxquels le génie caché de M. le Maréchal ne devait pas s'arrêter : ses plans savamment médités dans le silence du cabinet, cette ligne de camps et de blokaus que les personnes admises dans son intimité proclamaient infranchissable, avaient sans doute pour objet d'arrêter seulement *un gros d'ennemis*.

Mais, ô désespoir! ô honte!.... Quinze cents brigands sans artillerie, la torche et l'yatagan à la main, ont franchi cette ligne et sont venus pendant quinze jours et plus imprimer une tache au front d'un maréchal de France, qui s'est laissé surprendre par quelques bédouins, à la tête de dix à douze mille soldats français.

Abus de pouvoir anti-colonial.

Dirons-nous, Messieurs, que si ce maréchal s'est laissé surprendre par l'avant-garde d'Abd-el-Kader ; s'il a continuellement laissé pénétrer sa ligne de défense par des assassins, sans prendre aucune mesure de sûreté, il a été plus habile avec des colons désarmés, contre lesquels il a scrupuleusement gardé, pendant près d'une année, les villes de Coléah et de Belida qui leur appartiennent presqu'en totalité ?

Quelques-uns n'ont pas oublié que, voulant aller visiter leurs propriétés dans l'une ou l'autre de ces villes, ils ont été arrêtés, mis à la garde du camp et reconduits jusqu'à Alger, comme des malfaiteurs, avec et sous bonne escorte.

Eh! aussi pourquoi oser, audacieux colons, visiter vos propriétés dans des villes gardées par nos troupes contre les Européens, afin d'en laisser la jouissance paisible à des personnes sans droit?.... Telle est la volonté du dictateur de l'Algérie; tel est l'usage qu'il fait des soldats et de l'argent de la France!..... Que lui importe à lui que les tribunaux vous condamnent, dans la rigueur du droit, à payer depuis cinq à six ans des rentes à raison de ces propriétés? Qu'importe à celui qui préside aux destinées de la colonisation que vos propriétés soient dégradées? Il vous en exclut; tel est l'ordre donné aux chefs militaires!....

Ainsi, M. le maréchal Valée est plus habile à garder les propriétés des Européens contre eux-mêmes, qu'à mettre ces derniers à couvert des assassinats, des vols et des incendies des Arabes.

En vérité, si nous n'avions une pensée plus sérieuse, nous serions tenté de dire avec

M. de Prébois : *On n'est pas heureux à votre âge, M. le maréchal.*

Réflexions.

A cet ensemble de faits, joignez le traité de la Tafna, l'abandon de Tlémecen et autres actes de cette nature, et il en résultera nécessairement la preuve d'un système qui, par tous les moyens, tend à nous conduire à la perte de notre belle colonie.

Ici, Messieurs, nous dirons qu'un système est la conséquence de projets arrêtés d'hommes ayant un mobile, un intérêt quelconque ; sur ce point, nous confessons notre ignorance ; nous voyons bien le système, nous le palpons, si nous pouvons nous servir de l'expression, mais les hommes nous échappent, quoiqu'ils ne soient pas insaisissables, si nous en croyons ces paroles de M. le président du conseil des colonies (même discours du 6 janvier) :

« Les ennemis les plus redoutables de cette « magnifique possession de l'Algérie, ces en- « nemis ne sont pas en Afrique; ils sont « en France; ils applaudissent avec enthou- « siasme aux millions que va nous coûter « une guerre si follement suscitée; ils en « voteront le double, le triple, le quadruple, « s'il le faut, pourvu que la dépense et la vic- « toire, au lieu de nous attacher davantage à « notre conquête, nous conduisent à l'éco- « nomie de la retraite, au produit net de l'a- « bandon. »

Après la lecture de ces lignes, Messieurs, notre esprit demeure confondu, et, dans l'égarement de nos idées, nous nous rappelons qu'il a été offert au maréchal Clauzel de négocier l'abandon d'Alger, moyennant la somme de cent cinq millions *.

Cette offre, nous n'avons pas besoin de le dire, a été repoussée; mais plus tard, une

* Explications du maréchal Clauzel, p. 36. Dupont, libraire, rue Vivienne, 7. Année 1837.

autre aurait-elle été présentée et acceptée par les meneurs du système?..... Et quel autre motif, en effet, que celui de la cupidité, pourrait porter des hommes à persister dans le but criminel, au risque de tout ce qui pourra arriver, de faire dépenser à la France, pour perdre la plus glorieuse et la plus riche de ses conquêtes, le double de ce qu'il lui en eût coûté pour se l'assurer?

Serait-ce la crainte d'une guerre européenne? Non, Messieurs, l'illustre président du conseil des ministres a eu l'attention, dès le mois de juin 1836, de nous rassurer à ce sujet.

« Mais soyez tranquilles, les puissances ne « vous troubleront pas; elles ne s'inquiéteront ni de nos négociations avec Abd-el-« Kader, ni de l'esprit de conquête que vous « porteriez en Afrique. »

Il va plus loin encore; il montre l'Algérie comme moyen de calme à l'intérieur :

« Permettez-moi de vous dire qu'en diri-« geant vers l'Afrique tant d'esprits inquiets,

« tant d'existences agitées, tant d'imaginations « dévorantes, vous rendrez service à vous et « à l'Europe. »

Situation de la Colonie.

Qu'ils sont donc coupables ceux qui entravent la colonisation, et, par tous les moyens, nous poussent à l'abandon; car, il n'est que trop vrai, l'Algérie succombe sous les efforts incessants d'employés infidèles; d'une administration spoliatrice qui viole, dans le droit de propriété, la loi et la charte; d'un gouverneur violent envers les organes de la justice, inabordable et sourd aux souffrances et aux réclamations des colons, incapable en temps de paix et inhabile en temps de guerre; et, pour tout dire enfin, d'un ministère qui ne peut ou ne veut mettre un terme à cet état d'angoisse et de ruine!

Ainsi donc rien n'est changé en Algérie depuis 1830, si ce n'est un dey de moins et un gouverneur de trop.

Cet état de choses est mauvais, le pire de tous peut-être. Nous vous le signalons par devoir; vous en prendrez acte, Messieurs, et en demanderez, ou il en sera demandé compte un jour; car tout ce qui est mauvais porte en soi le germe de la destruction, et les bonnes comme les mauvaises actions reçoivent tôt ou tard leur récompense.

Ainsi cet état de choses ne peut durer; il touche à l'abandon ou à la prospérité de la colonie. L'une ou l'autre de ces suppositions est également admissible, malgré les paroles émanées du trône et toute la confiance que nous prenons en elles.

Promesses.

Permettez-nous, Messieurs, de rappeler les déclarations solennelles de l'illustre président du conseil des ministres dans les séances du mois de juin 1836. (Voir les journaux de cette époque.)

« Je le déclare au nom du cabinet, l'opi-« nion du gouvernement est formelle; le « gouvernement persiste à regarder l'occupa-« tion d'Alger comme une chose utile pour « la France, et à laquelle il serait non-seu-« lement malheureux, mais déshonorant de « renoncer.

« Eh bien! je le déclare après y avoir sincè-« rement et profondément réfléchi, je suis « resté convaincu que la France se manque-« rait à elle-même, que la France renoncerait « à une voie de grandeur, si elle renonçait à « Alger; et c'est avec une profonde convic-« tion que je viens soutenir devant mon pays « qu'il doit faire des efforts persévérants pour « s'assurer cette belle possession.

« La gloire que nous chercherons en Afri-« que, ce sera d'y faire un grand et magni-« fique établissement où la France appellera « tous les Européens qui voudront trouver la

« justice à côté de la force; qui voudront y « trouver, dans des malheurs nationaux, dans « des temps de proscription, un de ces grands « et nobles asiles qu'aux seizième et dix-sep- « tième siècles on trouvait dans le nord de « l'Amérique, et qui ont fait de l'Amérique « une prospère et puissante nation.

« Il y a un instinct profond que je défie les « ennemis les plus acharnés de l'occupation « de venir braver à la tribune; je les défie de « venir dire à la tribune : Abandonnez Alger, « et, s'ils étaient ministres, d'oser signer « l'abandon de cette occupation.

« C'est une occasion décisive pour la ques- « tion d'Alger. Décisive, je le voudrais; je « voudrais qu'une fois décidée, elle le fût « pour toujours.

« Enfin, nous sommes tous d'accord; la « France occupera l'Afrique, elle la possédera « en souveraine!... »

Ainsi s'exprimait M. Thiers à la tribune nationale, il y a quatre ans.

Et dès cet instant, M. Thiers dut perdre le portefeuille et la présidence du conseil, ou plutôt le conseil des ministres perdre M. Thiers, par la raison qu'à cette époque les meneurs du parti anti-colonial, et nous pouvons dire anti-national, débordaient le pouvoir, comme ils le dominent maintenant.

La seule différence d'aujourd'hui à 1836, c'est que, ne pouvant renverser la forteresse, ils pensent la tourner et manœuvrer de manière à rendre nuls les efforts et les nouveaux sacrifices que veut s'imposer la France.

Vous le voyez, Messieurs, la colonisation est entravée de toutes les manières, l'Algérie attaquée sous toutes les formes ; aussi nous croyons indispensable au salut de la colonie le concours des trois pouvoirs de l'État dans une même volonté.

Nécessité d'une loi d'incorporation à la France du territoire de l'Algérie et d'un système de domination générale.

Il faut que l'un des pouvoirs de l'État propose et que tous sanctionnent un projet de loi qui fixe irrévocablement la position politique de l'Algérie, en la déclarant province française, sous le titre de Nouvelle-France, ainsi que l'a si judicieusemont qualifiée S. A. R. le duc d'Orléans.

Enfin adopter un système de domination générale.

Permettez-nous, Messieurs, d'insister sur cette double mesure qui, en plaçant l'Algérie hors de toute atteinte, mettrait un terme aux espérances coupables des anti-colonistes. Nous allons essayer d'en démontrer l'importance, ou plutôt l'opportune nécessité.

PREMIER POINT.

Les mécomptes de ceux qui sont venus en Algérie, dans l'espérance d'y trouver la justice pour assurer leurs biens et la force pour les protéger, sont connus de la France et de l'Europe entière.

L'espérance née des déclarations faites à la tribune a été déçue, et celles émanées du trône, malgré tout ce qu'elles inspirent de respect, ne feront pas, à la suite des précédents, arriver de capitaux en Algérie, ni de colons en position de développer les moyens de prospérité qu'elle renferme ; et cela est facile à concevoir après dix années de funeste expérience, pendant lesquelles toutes les promesses faites en vue des succès de la colonie ont été converties en amères dérisions ou en sanglantes déceptions.

Et nouvellement encore, les espérances nées du voyage du prince royal à Alger, de ses encouragements à la Société coloniale sur la sécurité de la plaine au moyen de l'organisation d'une nombreuse gendarmerie, se sont évanouies presque instantanément à la lueur des incendies de la plaine.

Enfin, les paroles consolantes émanées du trône, accueillies avec tant de reconnaissance, précèdent à peine la famine dont nous sommes menacés.

Une loi seule peut donc tirer l'Algérie de la situation précaire où elle se trouve malgré la volonté nationale hautement prononcée, situation née de l'état anormal du pouvoir, situation que l'on peut assimiler à celle d'un enfant de la plus grande espérance confié aux soins d'un précepteur atrabilaire, loin d'une mère tendre et soucieuse.

SECOND POINT.

Arrivant au système de domination générale, permettez-nous, Messieurs, d'invoquer l'opinion des personnes éclairées qui se sont depuis longtemps prononcées en faveur de cette question.

Voici ce qu'écrivait M. le maréchal Soult, alors ministre de la guerre et président du conseil :

Paris, 19 avril 1834.

« Monsieur, j'ai reçu avec intérêt le mé-
« moire que vous m'avez adressé par votre
« lettre du 25 mars dernier sur le mode d'oc-
« cupation de la régence d'Alger, et l'influence
« politique que son occupation générale peut
« exercer en Europe.

« Je vous remercie de cette communica-
« tion, et je mettrai à profit, pour l'examen
« de différentes questions qui se rattachent à
« la possession d'Alger, ce que peuvent avoir
« de praticable les vues qui s'y trouvent dé-
« veloppées.

« Recevez, etc.

« A M. Sagot, de Nantilly, ancien payeur,
« à Alger. »

Et nous lisons dans le *Courrier Français* du 8 juin 1834:

« Le maréchal Soult a lu hier au conseil

« son travail sur l'organisation définitive d'Al-
« ger. Dans le premier travail qu'il avait pré-
« paré sur le même sujet, le maréchal pro-
« posait la création d'une *vice-royauté* qui
« serait occupée par l'un des fils de Louis-
« Philippe. Quoique cette idée eût rencontré
« beaucoup d'opposition parmi ses collègues,
« il lui était très pénible d'y renoncer, et il
« avait cherché dans un travail postérieur à
« désarmer les répugnances de ses collègues.
« Il n'en est plus question dans le mémoire
« qu'il a lu hier, etc. »

Ainsi, la domination générale, précédent rigoureux d'une vice-royauté, compte un sûr appui dans M. le maréchal Soult.

Au reste, Messieurs, permettez-nous de citer, sur cette grave question, les paroles de M. Thiers, président du conseil des ministres, séances du mois de juin 1836.

« L'emprisonnement de nos troupes dans
« les places fortes est inadmissible, c'est un
« abandon déguisé; eh bien ! non, nous ne se-

« rons pas honteusement prisonniers sur la « côte d'Afrique, nous y resterons et nous y « agirons comme des souverains civilisateurs, « tel est notre rôle. »

Nous vous demandons encore, Messieurs, la permission d'invoquer les paroles de M. le maréchal Clauzel, dont l'opinion vous paraîtra aussi de quelque poids *.

« Le système d'occupation, tel qu'il a tou- « jours été entendu par le gouvernement, tel « que je l'ai moi-même cru possible avant que « l'expérience me prouvât mon erreur, ce « système devait surtout encourager ces espé- « rances et ces intrigues. Il consistait à rester « sur le littoral de la régence, un pied sur la « terre, un pied sur la mer.

« Il fallait un autre système, ou il fallait « abandonner Alger; et moi, je croyais en- « core que l'on voulait le garder. Pour le gar- « der d'une manière calme et forte, il fallait

* Explications du maréchal Clauzel, p. 12. — Année 1837.

« se porter en avant, à droite, à gauche; pos-
« séder des centres principaux d'action, entre
« ces points principaux des points intermé-
« diaires pour les lier les uns aux autres; il
« fallait couvrir la régence d'un réseau de
« garnisons et de camps qui ne permissent
« pas aux populations de se rassembler tumul-
« tueusement, qui ne laissassent pas un champ
« ouvert et libre à tous ceux qui voudraient
« y venir semer la révolte; il fallait maintenir
« le pays complétement. »

Nous aurions désiré joindre à l'opinion de ces hommes de génie l'opinion de M. le Ministre actuel de la guerre, auquel le système suivi en Algérie impose sans doute des réserves, et ne lui permet pas de nous fixer, en réponse à notre dépêche du 3 décembre dernier, sur une question si palpitante de colonisation.

Nous terminerons, Messieurs, en disant que le 15 février 1837, à l'occasion de la deuxième expédition de Constantine, un extrait du mémoire au maréchal Soult, du 25 mars 1834, fut adressé par l'auteur à l'un de ses amis, référendaire à la chancellerie de France et au sceau, qui, en le communiquant, recueillit l'approbation de plusieurs membres de l'une et de l'autre chambre législatives en faveur de l'occupation générale de l'Algérie. Nous mettons sous vos yeux, à la suite de cet exposé, copie de cet extrait, afin de vous mettre à même de juger, par les vues qui y sont indiquées, du résultat qu'il eût été possible d'attendre de leur application : trop longtemps le système suivi par le gouvernement a été continué ; les effets, sinon irréparables, du moins désastreux, qu'il a produits, sont connus.

En nous résumant, Messieurs, nous dirons, telle est notre profonde conviction à nous colons de l'Algérie, que nous touchons à l'abandon de la colonie ou à l'adoption d'un système qui en assurera la prospérité.

A cet instant suprême, nous concluons dans l'intérêt de la France ;

1° Qu'il plaise aux Chambres législatives de refuser toute allocation de fonds pour l'Algérie, si ces fonds doivent être confiés aux agents trop fidèles du funeste système d'abandon déguisé qui, depuis dix ans, pèse sur cette malheureuse colonie ; car l'emploi qui en serait fait tournerait contre elle et servirait tout au plus à entretenir l'état de marasme où elle est enfin tombée ;

2° Que, dans le cas d'une volonté de conservation définitive, l'on s'empresse d'assurer, par une loi, la réunion de l'Algérie, comme province française, à la mère-patrie, afin de rappeler la confiance et ôter tout espoir aux anti-colonistes ;

3° Que le système d'occupation restreinte soit remplacé par un système de domination générale ; car, ainsi que le dit M. de Prébois, « notre position en Afrique ne permet pas « que nous flottions dans l'irrésolution ; il faut « prendre un parti définitif, ou abandonner « notre conquête sans retard ; »

4° Que l'autorité supérieure soit remise entre les mains d'un gouverneur civil ; tous les colonistes sont d'accord sur ce point ;

5° Que l'administration soit dégagée de l'énorme superflu de son personnel, cette livrée d'une brillante misère qui entrave et nuit à la marche des affaires ; car la prospérité d'une colonie n'est pas dans le nombre et les gros appointements des salariés, mais dans le nombre et l'aisance de ses producteurs.

Nous sommes avec respect,

Messieurs,

Vos très humbles serviteurs,

Pour les membres de la Société coloniale d'Alger,

Le vice-président,

TALLICHET.

Alger, 27 février 1840.

Extrait du Mémoire à M. le maréchal Soult, du 25 mars 1834.

Alger, 15 février 1837.

Monsieur et ami,

Mon départ pour France, etc.

Les journaux parlent beaucoup d'une deuxième expédition sur Constantine *, il faut espérer qu'on ne s'arrêtera pas là. Le général Bugeaud a saisi le point de la question; c'est de la régence entière qu'il faut s'assurer, et quarante à cinquante mille hommes sont nécessaires. Il y a trois ans, vingt-cinq mille eussent été suffisants, et si l'on tardait autant, adieu la conquête de 1830; tout serait fini dans l'Algérie, où un plan de résistance, aidé des mécontents

* Voir les débats à la Chambre des députés, dans les journaux du temps.

passés à l'ennemi, soutenu du fanatisme religieux des indigènes et surtout favorisé par le terrain, s'organise derrière nos bataillons. Heureusement il n'a pas été conduit jusqu'ici avec l'ensemble, le génie, l'audace ni l'activité possibles, et nous devons nous en estimer bien heureux.

Mais si le gouvernement français adopte le système d'occupation générale indiqué par le général Bugeaud, il sera bien inspiré selon moi; toutefois il faudra suivre ce système en entier, et non d'une manière incomplète ou indécise; d'ailleurs, avec un peu de bon vouloir, rien de plus facile, de plus prompt et de moins coûteux.

Quarante mille hommes maîtriseront tout le pays, en formant de son territoire des divisions politiques (le plus de divisions, quinze ou vingt beylicks si cela est possible, sera le mieux, chaque bey aura moins de puissance) qui seront régies par des chefs indigènes au choix des cheiks de chaque beylick*, pour ôter tout prétexte et je dirai même tout moyen de rébellion à ces derniers; mais les uns et les autres nommés et investis par le gouvernement français.

Après tout, ces chefs indigènes, ostensiblement beys, ne seraient que les bras des officiers français résidant près chacun d'eux; cet officier, placé dans la résidence du bey, ferait occuper, par les troupes françaises laissées à sa disposition, les postes de la capitale du beylick et les points intermédiaires jugés nécessaires pour se lier au système général militaire de la régence, afin de maintenir et de soutenir en tant que de besoin le chef indigène qu'il aurait à conserver dans l'obéissance de la France.

Forcément alors les beys exerceraient avec leurs propres soldats une surveillance efficace, et préviendraient ou réprimeraient, selon la loi de Mahomet, toute tentative d'insu-

* Qui désigneraient trois ou quatre d'entre eux parmi lesquels le gouvernement français ferait choix du bey.

bordination de la part des cheiks, soutenus qu'ils seraient d'une force française permanente. De là, sûreté dans toute la régence pour les Européens, voie sûre, immense, ouverte à la colonisation, et vers laquelle se précipiterait la portion ardente de la population d'Europe, qui, dans des travaux agricoles, industriels (les mines, forges, l'archéologie, la géologie, la botanique), ou dans des opérations commerciales, trouverait un aliment propre à son activité inquiète, et par suite de l'aisance, des richesses honorablement acquises, capables de la fixer et de lui faire chérir l'ordre et la paix. Notre colonie se peuplerait encore de ces milliers de cultivateurs qui passent tous les ans dans l'Amérique. Oh! alors la France retirerait de l'Algérie d'immenses bénéfices, au lieu des sacrifices annuels que lui impose un système étroit en désaccord avec l'importance de l'objet.

D'ailleurs une telle organisation est la seule convenable, la seule capable de maintenir la population dissimulée et guerrière de la régence, la plupart adonnée au vol et au brigandage. Qu'on n'aille pas chercher dans l'antiquité des exemples d'incompatibilité, car la moindre comparaison entre l'état des peuples d'autrefois et ceux de l'Algérie actuelle prouve qu'il n'y a pas analogie ; c'est donc d'après l'état actuel qu'il faut juger et agir, sans chercher des précédents nés de causes et de situations qui ne sont pas celles d'aujourd'hui.

Il est vrai que l'installation des beys, tentée sur quelques points, a eu de fâcheux résultats ; mais la faute en est à l'hésitation, à l'insuffisance dans les moyens d'exécution, et à l'incertitude sur le sort que le gouvernement réserve au pays.

Mais avec une force imposante, mais avec une volonté hautement avouée, il est certain qu'on ne trouvera de résistance nulle part; tout se soumettra avec empressement, et une organisation simple d'abord et forte, mais générale, et telle que je la suppose, assurera au nouvel état de choses le calme, gage assuré de la prospérité : rien n'est donc plus facile.

D'autre part, le général Bugeaud indique la fin des opérations au mois de juillet, et je crois fermement qu'un délai jusqu'au mois d'octobre serait plus que suffisant, si l'exécution en est confiée à un militaire actif et instruit dans le genre de guerre qui convient dans ce pays : il y aurait donc promptitude d'exécution.

Enfin, nous trouvons économie de fonds, puisque, avec quarante mille hommes à notre solde pendant six mois seulement, on obtiendra un résulat complet, tandis qu'avec quelques centaines de millions on n'a fait que compromettre depuis six ans l'existence des colons et le sort de la colonie.

Au fait, en créant ainsi des beys (sorte de plastrons exposés aux traits d'une philanthropie systématique et tracassière qui s'apitoie sur les plaintes exagérées des indigènes, sans s'inquiéter des Européens par eux volés et hor riblement égorgés), revêtus, par la nécessité, du pouvoir du sabre sur les indigènes, le seul qu'ils puissent reconnaître, craindre et respecter, et le seul auquel ils savent obéir ; pouvoir cependant modéré et ramené graduellement à des usages plus en rapport avec nos mœurs, tant par l'officier supérieur résidant dans chaque capitale des beylicks, que par un fonctionnaire civil placé près de chaque bey, soit sous le titre d'agent consulaire, ou de commissaire extraordinaire du roi, ou autre qualification ; tout marcherait rapidement vers le calme et la civilisation, attendu que les Européens, pouvant, sous la sauvegarde de ces beys otagés, aller dans toute la régence commercer avec les indigènes, former des établissements agricoles et industriels, introduiraient évidemment une amélioration sensible dans les mœurs des habitants, avec lesquels ils seraient continuellement en contact. C'est un fait déjà prouvé.

Tandis qu'avec le système opposé, avec le

système suivi jusqu'à ce jour, avec ce système d'occupation graduelle, on tient les indigènes en hostilité permanente, d'où il résulte que les ennemis du gouvernement sont seuls reçus et admis librement dans les parties de la régence non occupées par nos troupes.

Enfin, le système d'organisation générale affranchirait les tribus pacifiques de l'influence et souvent de la violence de leurs chefs; il mettrait, je le répète, un terme à cette force hostile qui s'organise en toute sécurité en dehors de nos avant-postes, danger permanent qui grandit tous les jours, suspendu sur les colons comme l'épée de Damoclès, et qui pourrait, en s'alliant à la politique étrangère, profiter d'un instant de crise pour nous chasser de tous les points que nous occupons; j'ai vu ce danger dès l'origine, alors j'avais contre moi des personnes éclairées qui sont bien revenues de leur sécurité de ce côté.

Le système d'organisation générale met encore un terme aux sacrifices de la France; car il serait rationnel d'imposer chaque bey aux charges de la solde et de l'entretien des troupes d'occupation de son beylick, ainsi qu'au paiement du fonctionnaire civil accrédité près de lui pour le guider dans les vues du gouvernement vers des améliorations administratives. Cet agent civil aurait en outre la mission d'instruire le gouvernement de tout ce qui pourrait intéresser le pays, même des erreurs que l'autorité militaire pourrait commettre, et dont elle n'est pas exempte, entraînée qu'elle est à son insu par le caractère qui lui est propre.

Voilà le système transitoire, facile, prompt et peu coûteux qu'il convient d'appliquer à nos belles possessions dans le nord de l'Afrique, système à l'aide duquel on pourrait immédiatement ériger le pays en vice-royauté, ainsi que je l'exposais dès 1834, dans un mémoire en date du 25 mars, au ministre de la guerre.

Mais une multitude de voix s'est déjà fait entendre sur la question importante de la colonisation de l'Algérie, et on est à se demander comment il peut se faire que le pays, au lieu de prospère qu'il devrait être, décline d'une manière effrayante.

Pour ma part, je crois le gouvernement français mal renseigné par des personnes qui manquent à leur mission en se renfermant dans un horizon d'intérêts privés, ou qu agissent dans des vues perfides; malheureusement il est d'autres manières de voir que la mienne; dans des conversations particulières, l'on accuse hautement le gouvernement français d'arrières-pensées, on dit qu'il ne veut rien faire de bien, qu'il n'en serait pas ainsi l'Algérie appartenant à l'Angleterre, etc., etc.; cette opinion s'étend et s'accrédite par une suite d'événements désastreux. Le commerce ici est sans bases, parce que l'industrie et l'agriculture sont nulles. Eh bien! malgré cet état déplorable, après six ans d'attente, le midi de la France, qui apprécie l'Algérie sur ce qu'elle devrait être et non par ce qu'elle est, attache le plus vif intérêt au sort de ce pays dont il aurait sans doute peine à se détacher entièrement, quoi qu'il arrivât.

A de telles dispositions ajoutez le cas possible de guerre avec une puissance maritime, et nous arriverons à une question politique d'une tout autre portée.

Sans doute de telles craintes paraîtront exagérées pour le moment, etc.

Mais revenons à l'expédition de Constantine, etc.

Je termine, etc.

Signé Sagot, de Nantilly,

Ancien payeur divisionnaire.

A M. Vautier, référendaire à la chancellerie de France et au sceau.

Aux vues esquissées dans cet extrait, l'auteur croit devoir ajouter ce qui suit :

L'enlèvement des chevaux en état de supporter les fatigues de la guerre, et des armes, avec défense aux indigènes d'en posséder à l'avenir au-delà d'un nombre fixé pour chaque tribu.

Les beys et les cheiks seraient en dehors de cette mesure, qu'il serait possible d'exécuter simultanément dans tous les beylicks, avant la rentrée en France de l'armée expéditionnaire, soit au moyen de ventes volontaires à jour et lieu indiqués dans chaque beylick, ou par une taxe par tête.

En effet, les indigènes, privés du moyen de se transporter rapidement d'un lieu à un autre, ne pourront se réunir instantanément en masse sur aucun point de la régence, et il est facile d'en déduire les conséquences.

Cette opération n'apportera aucune entrave à la culture, puisque les indigènes ne labourent la terre qu'avec des bœufs, et qu'ils pourront toujours faire le transport de leurs denrées à dos d'ânes, de mulets et de chameaux.

Les choses dans cet état, les beys, toujours

sous la puissance et la protection française, occupant militairement les villes chefs-lieux des beylicks, maintiendraient les tribus en paix entre elles, de telle sorte que les hordes nomades jusqu'à ce jour, ne pouvant faire ni craindre le pillage, formeront des établissements stables, et ne borneront pas leurs cultures à ensemencer seulement la quantité de terre nécessaire à leur nourriture.

En dernier lieu, les Arabes de l'Algérie, plus imitateurs qu'on ne pense, profiteraient avidement des exemples de culture qu'ils puiseraient dans des fermes modèles à l'instar de Roville ou autres, si le gouvernement en créait seulement une dans chaque beylick, par la raison que, ne pouvant guerroyer ni se piller, ils regarderaient l'agriculture comme la seule voie de s'enrichir; et nul doute à ce sujet que tous les moyens sont bons aux Arabes pour atteindre ce but.

Imprimerie d'Amédée Gratiot et Ce, 11, rue de la Monnaie.

www.ingramcontent.com/pod-product-compliance
Ingram Content Group UK Ltd.
Pitfield, Milton Keynes, MK11 3LW, UK
UKHW020425180726
13839UKWH00003B/1383